DESSINS DE MAITRES.

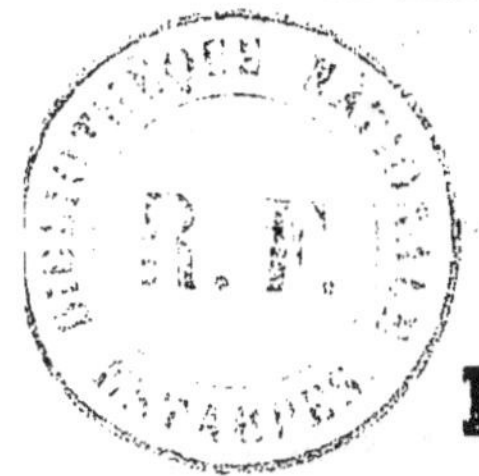

COLLECTION

DE FEU M.

Delbecq, de Gand.

ARTOIS (JACQUES VAN).

1. *Vue d'une ferme.* Crayon noir et lavé.
2. Grandes études de *paysage.* 9 pièces.
3. Études de *paysages* et de *fabriques*, d'après nature. 11 p.
4. Grandes études d'*arbres*, d'après nature. 6 p.
5. Autres études d'après nature. 7 p.
6. Croquis de *paysages* avec *figures*. A la mine de plomb et à la plume. 35 p.
7. Études de *paysages* et d'*arbres*, d'après nature. Crayon rouge. 7 p.

ASSELIN.

8. *Paysage, avec une fontaine.* A la plume et lavé.
9. Études de *ruines* et de *rochers*, d'après nature. 2 p.
10. Trois autres *études.*

AVOND (VAN DEN).

11. *La Fuite en Egypte.* Crayon rouge.

BACKUYSEN.

12. Deux *études de barques*, sur la même feuille. L'une des barques porte huit hommes, l'autre quatre.

BANDINELLI.

13. Deux *dessins*, à la plume.

BAUDOUIN (ANTOINE-FRANÇOIS).

14. *Vue d'un château fort*; à gauche, une rivière; signé F. Baudvin

in et fecit 1720. *Intérieur d'une forêt*, signé et daté 1721. Pendants. Au crayon rouge. 2 pi

15. Deux autres *paysages*, signés et datés 1721. Crayon rouge.

16. Deux autres *paysages*, au crayon rouge.

17. Trois *paysages*, à la plume.

18. *Paysage* avec une rivière. Sur papier bleu, au crayon noir, rehaussé de blanc.

19. Trois autres *paysages*, sur papier bleu.

BECKER.

20. Fragment d'une *bataille*. Hommes tirant de l'arc. Crayon rouge.

21. *Deux hommes debout*, tournés vers la droite. Crayon rouge.

BERGHEM (NICOLAS).

22. *Un seigneur debout et vu de dos.* Il porte une épée au côté. A droite, indication d'un arbre. Etude d'après-nature et d'une belle couleur. Au crayon rouge. Quelques connaisseurs attribuent ce beau dessin à J.-B. Weenix.

23. Etudes de *paysages*, au crayon rouge.

24. Etudes d'*animaux*. Un âne couché, tourné à droite ; un autre âne couché, vu de dos ; sur la même feuille.

BLEY (ANDRÉ), élève de Boissieu.

25. *Tête de vieillard* à grande barbe, et les yeux fermés. Etude d'après nature et de grandeur naturelle. Crayons noir et blanc, estompés.

BLOEMEN (PIERRE VAN).

26. *Deux chèvres couchées.* Etude d'après nature, à l'encre de Chine.

BOEL (PIERRE).

27. *Gibier mort*, perdrix, bécasses, etc., près de grands vases.

BOSSAERT.

28. *Bataille.* A la plume et lavé. Signé.

BOUCHER.

29. *Jeune fille debout* et penchée, prenant un panier de roses. Charmant pastel, gravé.

BOURGUIGNON.

30. *Choc de cavaliers.* A la plume, au crayon rouge et lavé.

BRAKELMANN (L.).

31. *Homme assis sur un banc* et allumant sa pipe. Autre *fumeur assis*. 2. p.

32. *Homme assis sur un billot*, les deux coudes appuyés sur une table. A la plume et lavé.

BREUGHEL (LE VIEUX).

33. Études de *figures, cavaliers, paysans*, etc.; *paysages, animaux*, etc. 7 p.

BREUGHEL DE VELOURS.

34. *Intérieur de forêt.* Belle étude à la plume et lavée de deux teintes.

35. Autre étude de *paysage.* Très-fine.

36. *Grande route au milieu d'un village flamand.* Charrettes, chevaux, cavaliers, paysans, etc. A la plume, le fond lavé de bleu.

GENRE DES BREUGHEL.

37. Études de *paysages*, à la plume, lavés, etc. 7 p.

BRILL (PAUL).

38. Une *Forêt* avec des soldats. Lavé et rehaussé de blanc, sur papier de couleur.

STYLE DES BRILL.

39. Quatre études de *paysages*.
40. Trois vues de *monuments*.

CARAVAGE (MICHEL-ANGE DE).

41. *Hercule étouffant Anthée.* A la plume et lavé.

CARPI.

42. Deux *dessins* d'ornements, avec des figures d'Amours, etc.

CASTIGLIONE.

43. *Le Marchand de gibier.* Il est debout, devant un billot, décrochant un chevreuil à son étal. Autour de lui sont des sangliers, des lièvres, des hérons, des canards, étendus pêle-mêle. A gauche, un homme charge sur un âne un paon et diverses autres pièces de gibier. Capricieux dessin d'une très-belle couleur. A la plume et lavé de rouge et d'encre de Chine.

CLEEFS (JEAN VAN), école de Rubens.

44. Un *vase*, avec de riches ornements et un *ange* en l'air. 2. p.

CLERKX.

45. *Christ à la colonne.*

COCK (CLAUDIUS DE).

46. Deux *dessins.*

CORTONE (PIÈTRE DE).

47. Scène de la *vie de S. Diégo.* Dix figures.

COTTEREL.

48. *La Toilette de Mars et de Vénus,* au milieu d'un parc. Nombreuses figures de femmes et de petits Amours. A la plume et à la sépia.

49. *Moïse sauvé des eaux* et *l'Enlèvement d'Hélène.* 2 p.

CRAESBECKE.

50. *L'Antiquaire.* Il examine une médaille. Crayon noir.

CRAYER (GASPARD DE), école de Rubens.

51. *Martyre d'une sainte.*

52. *Le Christ,* debout, avec l'agneau à ses pieds. Au crayon noir, rehaussé de blanc. Dessin pour une statue.

53. Étude de *Femme suivie d'un page ;* étude de *Guerrier tirant son sabre ;* et croquis d'une *Adoration de la Vierge.* 3 p.

54. Tête de *Jeune homme* et tête de *Jeune fille.* 2 p.

DESFRICHES, d'Orléans.

55. *Vue d'un château,* paysage avec figures. Crayon noir et lavé.

DIEPENBEKE, école de Rubens.

56. *La jeune Vierge lisant sur les genoux de sainte Anne.* Derrière elles, saint Joachim accoudé sur une balustrade. A gauche, les anges descendant du ciel apportent des couronnes et des corbeilles de fleurs. Beau dessin au crayon noir, rehaussé de blanc.

57. *Mariage de la Vierge.* 11 figures. Lavé à l'encre de Chine.

58. *L'Ensevelissement du Christ.* A la plume et lavé ; ovale.

59. *La reine Thomiris.* A la plume et lavé.

60. *La Vierge tenant l'Enfant Jésus* apparaît sur des nuages à des saints agenouillés.

61. *Sainte Elisabeth et saint Jean* devant la Vierge et l'Enfant Jésus. Lavé de bleu.

62. *Saint Hubert.* A droite, chevaux et pages. Crayon noir, sur papier bleu.

63. *La Transfiguration.* 6 figures, à l'encre de Chine.

64. La *Cène*, à la plume et lavé; et les *Noces de Cana*; dessin pour un tableau. 2 p.

65. Dix compositions de *sujets saints* : l'*Adoration des Mages*, la *Résurrection*, l'*Assomption*, etc. Charmants dessins, lavés.

66. Un *Croquis* à la plume ; et sept *dessins* attribués à Diepenbeke ; figures d'anges, etc.

DIETRICK.

67. La *Tempête*. Sur le devant, une barque chavire au milieu des flots agités ; le ciel est rayé par l'orage. Vigoureuse esquisse à la sépia foncée. Signé.

DOES (JACQUES VAN DER).

68. *Béliers et moutons*. Sept études d'après nature, sur la même feuille. A l'encre de Chine.

DOES (VAN DER), le fils.

69. L'*Ange apparaît aux bergers*. A droite, près d'une cabane, les bergers effrayés au milieu de leurs troupeaux. A la plume et vigoureusement lavé à la sépia.

DYCK (ANTOINE VAN).

70. *Tête d'homme à moustaches* et coiffé d'un chapeau. Grandeur naturelle. Belle étude d'après nature pour un portrait. Crayon noir rehaussé de blanc.

71. *Jeune homme debout*, vu jusqu'au genoux. De la main droite il tient un livre ; sa main gauche est abandonnée le long de son corps. Belle étude d'après nature. Crayon noir rehaussé de blanc.

72. *Homme nu*, de face, la main droite sur la poitrine. Belle étude d'après nature. Crayon noir, rehaussé de blanc, sur papier bleu.

73. *Tête de vieillard à barbe*, vu de face en raccourci, les yeux levés au ciel. Etude d'après nature et de grandeur naturelle. Crayon noir, rehaussé de blanc, sur papier gris-bleu.

74. *Saint François en extase*. Il est agenouillé les mains jointes sur un prie-dieu. Le corps du Christ mort, porté par les anges, avec la croix et les instruments de la Passion, lui apparaît sur les nuages. Esquisse pleine de sentiment ; à la plume et lavée à l'encre de Chine.

75. Le *Christ en croix apparaît à un saint mourant*. Crayon rouge, rehaussé de blanc.

76. La *Vierge regarde dans le ciel des anges qui portent la croix*. Croquis à la plume.

77. *Un Moine en extase*. Léger croquis au crayon noir.

78. La *Vierge agenouillée et divers croquis au recto et au verso*.

79. Quatre feuilles couvertes de croquis au recto et au verso. *Sujets de tableaux, Femmes nues, têtes de femmes et d'enfants, mains*, etc. A la plume et lavés.

80. *Portrait d'homme à cuirasse.* Dessin retouché.

EECKOUT (van).

81. *Trois sujets de la Passion.* A la plume et lavés.

82. *Un homme debout et vu de dos, appuyé sur un fauteuil.*

EVERDINGEN (Genre de).

83. La *Cascade.* L'eau tombe entre des rochers découpés à droite et à gauche; au bas, deux petits personnages. Charmante étude d'après nature. Lavée de blanc, d'encre de Chine et de diverses couleurs.

FARINATI (paolo).

84. L'*Ensevelissement.* Grande composition de douze figures. A la plume, vigoureusement lavée à la sépia et rehaussée de blanc.

FERG (paul).

85. *Cavaliers arrêtés près d'un pont,* dessin terminé. A la plume, lavé et rehaussé de blanc, sur papier bleu.

86. *La Vendange.* Id.

87. *Fête de village.* Id.

88. *La Moisson.* Id.

89. Six autres sujets divers.

FLINCK (govaert).

90. *Femme nue,* assise et vue de face. Étude d'après nature, d'une exécution libre et abondante. Au crayon rouge. Signé.

FRANCK (sébastien).

91. *Fête dans un parc,* groupes de danseurs, de buveurs, etc., édifices et paysages. A la plume, et lavé de diverses couleurs.

92. Divers croquis de cavaliers, d'hommes et de femmes, d'animaux et d'oiseaux. A la plume, sur la même feuille.

FRANCO.

93. *Guerriers blessés,* au milieu d'autres guerriers portant des bannières et des trophées. A la plume.

FYT.

94. *Repos du chasseur.* Un chasseur est assis, fumant sa pipe, sur la lisière d'un bois. Un grand lévrier, debout devant lui, regarde un

cygne accroché à une branche. Deux autres chiens sont couchés, à droite près du fusil. A la plume et au crayon noir, rehaussé de blanc, sur papier gris.

95. *Nature morte*, vase avec des fleurs, des fruits, etc.

GARMOYNS.

96. Trois *têtes d'étude*, au crayon rouge, sur une même feuille.

GENOELS (D'après).

97. Six *paysages*, à la plume et lavés.

GHEYN (DE).

98. *La Chasse au faucon*. A la plume.

GLAUBER.

99. Grand *paysage*, à la plume et lavé.

GOLTZIUS.

100. *L'Ange apparaissant aux bergers*.

GONZALÈS COQUES.

101. *Homme assis aux pieds d'une femme* qui pince de la mandoline. A la plume. Mis au carreau pour l'exécution. Ce dessin était attribué à Guillaume Miéris dans la collection Delbecq.

GOYEN (VAN).

102. *Paysage* avec figures. Pourrait être de Molyn.

GRAVE (J. P. DE).

103. *Vues* de Maestricht, de Bruxelles, etc.; intérieurs de jardins, etc. 11 pièces, la plupart signées et datées.

GREUZE.

104. *La Charité romaine*. Femme nue et couchée qui se presse le sein. Belle étude à la sanguine, signée des initiales J. B. G.

GRIFF.

105. *Nature morte*. Chiens, lièvre, paon, etc. Deux pendants, à la plume.

GUIDE (Attribué au).

106. *Quatre enfants nus*, tirant de l'arc. A la plume.

HACQUAERT (JEAN).

107. *Paysage.* Une rivière au milieu d'un bois. Beau dessin à la plume et légèrement lavé.

HALS (FRANC).

108. *Saint Pierre* agenouillé dans un paysage.

HELMONT (S. J. VAN).

109. *Le Samaritain* pansant les plaies du blessé. Huit figures. Dessin terminé, à la plume, lavé à l'encre de Chine et rehaussé de blanc, sur papier bleu. Signé.

HELST (VAN DER).

110. *Portrait d'homme*, à mi-corps. A la plume et au crayon noir.

HERP (VAN), école de Rubens.

111. *Les vendangeurs.* A la plume et lavé.

HEUVEL (VAN DEN).

112. *Jeune femme*, en buste, et tenant un vase ; au crayon rouge ; et un *martyre* ; au crayon noir. 2 p.

HOOGE (R. DE).

113. *Sujet historique.* A la plume et lavé.

HOREMANS.

114. *Homme debout*, en pied, les mains derrière le dos. Il est coiffé d'un grand chapeau et il fume sa pipe. Belle étude d'après nature. A droite, répétition de la draperie de la manche.

JANSSENIUS.

115. *Paysage*, à la plume, signé et daté 1650, et quatre dessins à la plume, d'après Callot. 5 p.

JANSSON VAN CEULEN (CORNILLE).

116. *Femme assise à table avec trois Cavaliers.* Figures à mi-corps. Physionomies pleines d'expression. On sait que Jansson Van Ceulen excellait à faire les portraits. Crayon noir, rehaussé de blanc.

JORDAENS.

117. *Dix-huit femmes*, assises ou debout, avec divers ajustements, et qui paraissent assister à une prédication ou à un spectacle. Elles sont toutes tournées à gauche. On remarque entre elles les portraits des deux femmes de Rubens, et la vieille femme à tête caractérisée

qui est familière à Jordaens. A droite, derrière une colonne, deux hommes debout. Dessin capital, à la plume et vigoureusement lavé.

118. *Femmes allant à la fontaine.* L'une d'elles puise de l'eau dans un seau ; l'autre, debout, porte un vase sur sa tête ; deux vaches et un taureau les suivent. Beau dessin à la sépia.

119. *Bacchanale.* A droite, Silène monté sur un cheval vu de profil. Divers groupes d'hommes et de femmes nus. Vigoureux dessin à la plume et lavé. On pourrait l'attribuer à Rubens.

120. *Buste d'homme.* Belle étude d'après nature. Aux trois crayons.

121. Croquis au crayon rouge, et *Tête de femme*, aux crayons rouge et noir. 2 p.

KABEL (van der).

122. *Port de mer*, avec une tour et des personnages.

KESSEL (van).

123. *Fête de village*, à la porte d'une auberge. A la plume.

KLUMP, élève de Paul Potter.

124. *Vaches et troupeaux*, sur le premier plan d'un paysage ; deux pendants signés et datés ; et *une vache et un mouton*, couchés entre deux arbres. 3 p.

KRAFT.

125. *Portrait d'homme* tenant des papiers.

LAAR (p. de) Attribué à.

126. *La fontaine, Halte de cavaliers ;* deux dessins lavés, et un *pâtre assis*, au crayon noir. 3 p.

LAIRESSE (gérard de).

127. La *Vendange.* Dessin terminé, avec beaucoup de figures et un paysage très-étudié. A la plume et lavé.

LANCRET.

128. Trois études de *figures en pied.* Homme vu de face et pinçant de la guitare ; homme vu de dos ; le troisième salue, tenant son chapeau de la main gauche. Crayons rouge et noir, rehaussés de blanc. Deux de ces figures étaient attribuées à Watteau.

LENAIN (l'un des frères).

129. *Deux jeunes paysans*, l'un assis, l'autre debout. Étude d'après nature.

LENS (A.).

130. Deux *dessins* au crayon rouge.

LIEMAKER (N. DE), école de Van Dyck.

131. *Christ en croix*, deux compositions différentes, *Christ au Jardin des Oliviers*, etc. 6 p.

LUCAS DE LEYDE.

132. *Trois hommes à table*. Celui du milieu porte une toque à plumes. On voit sur sa poitrine, dans l'ouverture de sa robe, une tête de mort; à droite, un page apporte un vase. Une tablette avec la marque de Lucas de Leyde, est accrochée à un banc. Très-beau dessin à la plume.

MAAS (DIRK).

133. *Bataille* et les *Suites de la victoire*. Deux dessins au crayon rouge et lavés.

MARATTE (CARLE).

134. *Sainte Famille*. Crayon rouge.

MÉRIAN (MATTHIEU).

135. *Paysage*. Au milieu d'une forêt, un ruisseau où boit un cheval. A la plume et lavé au bistre.

MEULEN (VAN DER).

136. Le *Bivouac*. Cinq soldats assis et jouant aux cartes. Crayon noir, rehaussé de blanc.

137. *Chasse au cerf*, croquis à la plume et lavé, et le *Retour de la chasse*; à gauche, nombreux cavaliers; à droite, paysans et chevaux chargés de gibier; vif dessin à la plume. 2 p.

ÉCOLE DE VAN DER MEULEN.

138. *Vue d'un immense jardin*, avec un pavillon au milieu; sur le devant, cavaliers et voitures; dessin très-terminé, à la mine de plomb, et *Étude de cavaliers*, plume et crayon. 2 p.

MEYERING.

139. *Paysage* avec des ruines. A la plume et lavé.

MICHAU (THÉOBALD).

140. *Feuille d'études*. Au premier plan, laveuses et bateliers; plus loin, des chevaux, des charrettes, des paysans, des oiseaux, etc. Spirituels croquis à la plume et lavés au bistre.

141. Deux grands *paysages*, avec des figures innombrables. A la plume.

142. *Une barque au bord du rivage.* A la mine de plomb.

MONPER.

143. Étude d'*arbres* au bord d'une rivière. Lavis.

NEYTS (g.).

144. Petit *paysage* extrêmement fin, avec une rivière et un pont. Lavis.

145. *Vue d'une ville.* A la plume.

146. Trois études de *paysage*. Signées.

ORLEY (RICHARD VAN).

147. *Quatre prélats assis autour d'une table*, où sont des livres et une écritoire. Sur le devant, un petit épagneul couché. Dessin terminé, au crayon noir, rehaussé de blanc, sur papier bleu. Conservation parfaite.

148. Trois autres *prélats*, assis dans de grands fauteuils et tournés à gauche. Beau dessin au crayon noir, rehaussé de blanc, sur papier bleu.

149. *David dans la fosse aux lions.* Autre *sujet de la Bible*, en pendant. Lavis à l'encre de Chine et à la sépia. 2 p.

150. La *Naissance de la Vierge* et *la Vierge montant au temple*; deux pendants au crayon rouge, mis au carreau pour l'exécution.

151. Deux compositions gravées dans les Mémoires de L'Etoile, édition de 1715. Avec les deux gravures avant la lettre, exécutées d'après ces dessins. 4 p.

152. Personnages au milieu d'un portique. Riche architecture. Dessin extrêmement fin.

153. Deux croquis au crayon rouge.

154. *Mort d'un saint* et la *Visitation*. Deux dessins au crayon rouge.

155. Six autres dessins au crayon ou lavés.

OSTADE (ADRIEN) Genre de.

156. *Halte de Bohémiens.* A gauche, plusieurs hommes assis fumant et buvant. A droite, hommes et femmes qui dansent. Spirituel croquis, à la plume, lavé au bistre.

OTTO VENIUS, maître de Rubens.

157. *Portrait de femme* vue presque jusqu'aux pieds; elle est debout, le bras gauche replié sur le devant de la taille. Superbe étude d'après nature, au crayon rouge, rehaussé de blanc. La main et plusieurs autres parties sont dignes de Rubens, à qui l'on peut attribuer le dessin. A gauche, une date à moitié effacée, 16...

OVERLAET.

158. *Le Couronnement d'épines*, d'après Annibal Carrache. A la plume.

PARROCEL.

159. *Bataille.* A gauche, cavalier l'épée à la main. Au premier plan, soldat mort, étendu roide par terre. Vigoureux dessin aux crayons noir et rouge.

160. Contre-épreuve du dessin précédent, rehaussée de blanc.

161. *Bataille.* Cavalier au galop, se défendant avec son épée, et passant sur le corps d'un cheval renversé. Crayons noir et rouge.

162. *Bataille.* Fougueux croquis à la plume et lavé à l'encre de Chine.

PASSAROTTI.

163. Grande figure d'*homme debout.* A la plume.

PETERS (bonaventure) Attribué à.

164. *Marine.* Les flots bondissent à droite contre un rocher couvert de personnages et de troupeaux. Lavis très-fin de couleur.

PIERRE, peintre de Louis XVI.

165. *Offrande au Dieu des jardins.* Sanguine.

PIROLI.

166. L'*Apollon du Belvéder* et le *Gladiateur*, deux dessins finement terminés au crayon noir.

POUSSIN (nicolas).

167. Trois dessins à la plume, au crayon rouge et lavés.

QUELLINUS (erasme), école de Rubens.

168. *Les trois Parques.* Beau dessin terminé à la plume, lavé de bistre et de blanc, sur papier gris.

RICKAERT (david).

169. *Intérieur flamand.* Paysan et paysanne assis près d'une table. L'homme a le bras passé sur l'épaule de la femme, qui tient de la main droite une pipe, et de la main gauche une cruche de bière. Au fond, joueurs attablés près d'une cheminée. Dessin très-franc, à la plume et lavé, sur papier gris.

170. *Danse de Villageois.* Vif croquis à la plume.

ROTENHAMER.

171. *Allégorie.* La Force, le Temps, la Vérité, la Musique, etc. A la plume et lavé.

RUBENS.

172. *Offrande à Vénus*. Vénus est assise à gauche, tenant un vase de ses deux mains. L'Amour est appuyé sur son épaule ; devant elle, une femme vue à mi-corps et suivie d'un satyre qui apporte l'offrande. Au milieu, au second plan, un homme debout paraît cueillir des fleurs.

Composition analogue à un tableau du Titien, avec beaucoup de changements. Ce qui appartient au Titien est au crayon rouge ; ce qui est ajouté ou modifié par Rubens est au crayon noir.

Magnifique dessin de Rubens en Italie.

173. *La Vierge aux anges*. Elle s'élève dans les airs, la tête tournée vers le ciel, avec une admirable expression de béatitude. Autour d'elle voltigent de beaux anges qui portent des couronnes et les instruments de la Passion. Grand et magnifique dessin au crayon noir, rehaussé de blanc.

174. *Femme éplorée* et les bras élancés vers le ciel. Ses cheveux tombent épars sur sa poitrine découverte. La tête et les bras sont au crayon rouge, les vêtements au crayon noir. Devant elle, deux enfants nus, au crayon rouge. Belle étude, pleine d'expression et de hardiesse, pour un tableau du maître.

175. *Portrait de sa femme*, en buste et de grandeur naturelle ; elle est vue de trois-quarts, tournée à gauche. Superbe dessin, d'une grasse exécution, au crayon noir, sur papier gris-jaune.

176. *Le pape sur son trône*. En avant, deux cardinaux assis. Léger croquis au crayon noir.

RUBENS (Attribué à).

177. *Figure allégorique*. Femme nue et couchée, la tête appuyée sur la main droite, le bras gauche étendu sur une urne renversée. Dessin aux trois crayons. Le fond est certainement de Rubens. La femme dessinée en raccourci dans le goût des figures du Primatice, n'est pas exécutée avec la liberté magistrale du grand maître flamand, mais la physionomie est extrêmement fine.

178. Six *enfants nus*, dans des attitudes diverses. Belles études lavées sur papier de couleur.

RUBENS (D'après).

179. *Un ermite endormi*. Au bas, le croquis des deux mains qui tiennent un bâton. Étude d'après nature, au crayon rouge, rehaussé de blanc. — Au verso, étude d'après nature d'une *femme assise* et tournée à droite. Au bas, croquis d'une *tête de femme* en raccourci et d'une *main étendue*. On lit, au recto, une ancienne inscription flamande avec le nom de Rubens et la date de 1654.

SAFTLEVEN (CORNILLE).

180. *Études d'arbres* d'après nature, au crayon noir. Huit croquis excellents, dignes des plus grands paysagistes.

SAFTLEVEN (HERMAN).

181. *Paysage et marine.* Au premier plan, une barque avec cinq figures. A gauche, une tour, au haut de laquelle sont deux personnages. A droite et au fond, paysage avec arbres et fabriques. Beau dessin terminé avec le plus grand soin, signé du monog. H S, et daté 1670. A la plume et au crayon noir.

182. *Paysan* marchant vers la gauche, son fusil en avant. Étude d'après nature, au crayon noir et lavée ; avec le monog. du maître.

183. Etude d'*homme à genoux*, et tenant de la main gauche un bâton. Au crayon noir et lavé à l'encre de Chine.

SAVERY (ROLAND).

184. *Paysage.* Marais avec de grands arbres à droite et à gauche. Sur le devant, un pin renversé, chasseurs, chiens et lièvres. Dans le fond, une éminence avec des maisons. A la plume et lavé au bistre. —Avec la gravure de Marco Sadeler.

185. *Paysage.* A droite, rochers couverts d'arbres ; à gauche, un pont suspendu. A la plume et lavé. Vive et spirituelle exécution.

186. *Paysage.* A droite, une auberge avec beaucoup de personnages. A gauche, une maison bâtie sur des rochers.

187. *Paysage*, bouquet d'arbres au milieu. A la plume et lavé.

188. Autre *paysage*, avec un homme au premier plan. Id.

189. *Intérieur de forêt.* A la plume.

190. Deux études d'après nature, grands arbres à gauche. A la plume et lavé.

191. *Paysage.* Rochers et cascade. Étude d'après nature.

192. *Chasse au sanglier*, dans le milieu d'un bois. A la plume.

SCHUT (CORNEILLE), école de Rubens.

193. *Le Triomphe de Bacchus.* Le dieu est assis dans son char traîné par une panthère et par un lion sur lequel est monté un Amour. Un autre Amour lui verse à boire dans une coupe. En l'air, plusieurs petits génies portant des cornes d'abondance et des guirlandes de fleurs. Beau dessin à la plume et chaudement lavé de bistre.

194. *La Vierge assise*, dans un paysage, et tenant l'Enfant Jésus. Saint Jean est à genoux, à droite, appuyé sur son mouton. Un ange, portant une couronne, descend du ciel. A la plume et lavé à l'encre de Chine.

195. Onze *Amours*, en l'air, dans toutes les attitudes. A la plume et lavé.

196. *Neptune et Amphitrite*, sur un char traîné par des chevaux marins. Ils sont entourés de tritons et de petits génies sur des dauphins. Les Amours portent une couronne au-dessus de la tête de Neptune. Belle composition, à la plume et lavée à la sépia. On l'attribuait à Rubens dans la collection Delbecq. Mais elle serait plutôt de Van-Dyck, si elle n'est pas de Corneille Schut.

SEGHERS (DANIEL).

197. *Chasseur tirant son arc contre un ours.* Le monog. est à la droite d'en bas. Dessin extrêmement fin, au crayon rouge, sur parchemin.

198. *Deux Chiens se disputant un os,* au milieu d'un paysage. Crayon rouge.

SEGHERS (GÉRARD) Attribué à.

199. *Le Couronnement d'épines.* Cinq figures. Au crayon noir et lavé. Dessin terminé comme un tableau.

SNAYERS.

200. Grande *Bataille.* Au crayon noir.

SNEYDERS.

201. *Cerf déchiré par des chiens.* Il est acculé de l'arrière-train, les jambes de devant écartées, la gueule haletante. Crayon noir, rehaussé de blanc, sur papier gris.

202. *Cerf et Biche,* chassés par des chiens. Léger croquis à la mine de plomb ; mis au carreau.

STEEN (JEAN).

203. *Grand Bal de paysans.* Au milieu, un homme et une femme dansant, près du joueur de violon, monté sur un tonneau. A droite, groupe de musiciens et de buveurs. A gauche, plusieurs tables avec beaucoup de figures ; et au premier plan, le portrait de Jean Steen lui-même, assis et habillé en docteur. Composition pleine d'esprit et de gaieté. A la mine de plomb et lavé à l'encre de Chine, sur papier gris.

204. *Un Homme assis sur un tonneau* passe son bras gauche autour de la taille d'une femme assise près de lui sur un banc. A gauche, buste d'homme qui tient un pot de bière. Crayon rouge.

TENIERS (DAVID), le fils.

205. *Vue d'Anvers.* A gauche, une tour de la citadelle. A droite, les clochers et les édifices de la ville. D'après nature, à la mine de plomb.

206. *Vue d'une ferme,* d'après nature. Léger dessin à la mine de plomb et lavé au bistre. Paysage d'un grand effet.

207. *Le moulin à vent.* Etude d'après nature. A la mine de plomb.

208. *Vue d'une plaine* traversée par une rivière. Etude d'après nature. A la mine de plomb.

209. *Vue d'une maison de campagne,* d'après nature. A la mine de plomb.

210. *Grands arbres au bord de l'eau*, d'après nature. A la mine de plomb.

211. *Vue d'un moulin à eau* ; léger croquis d'après nature. *Id.*

212. *Paysage*, maisons au bord d'un étang. D'après nature. *Id.*

213. *Vue d'une tour. Id., id.*

214. *Vue d'un grand canal*, semé de barques. Au fond, les clochers d'une ville ; à droite, moulin à vent. D'après nature. A la mine de plomb.

215. *Vue d'un château au bord d'un canal* ; à droite, un grand arbre. D'après nature. A la mine de plomb.

216. *Vue d'un village flamand.* A droite, quelques groupes d'arbres. D'après nature. A la mine de plomb.

217. *Paysage* avec quatre ou cinq plans en perspective. *Id., id.*

218. Deux croquis d'études de *paysages.*

219. *Un paysan* portant un seau d'eau et montant un escalier. Etude de figure, d'après nature. A la mine de plomb.

220. Deux études de *jeune homme*, d'après nature, sur la même feuille. C'est la même figure dans deux attitudes. Mine de plomb.

221. Etude de *femme qui noue ses cheveux* ; d'après nature. Crayon rouge.

TENIERS (Attribué à).

222. *Kermesse flamande.* Hommes et femmes qui dansent et qui boivent, etc. Spirituel croquis à l'aquarelle.

TENIERS (D'après).

223. *Singerie ; paysage* avec trois figures ; *un paysan portant un lapin*, etc. 6 pièces.

TERBURG.

224. *Intérieur de famille.* Trois femmes et un cavalier sont assis à table. A droite, une servante apporte un plat de fruits ; à gauche, un page verse à boire. Sur le devant, une petite fille debout. Fond d'architecture. Au crayon noir, rehaussé de blanc. — Au verso, deux *scènes de famille.* A la plume et lavé. Papier gris.

225. *Tête de jeune garçon*, de grandeur naturelle. Étude d'après nature, aux crayons noir et blanc. C'est la tête du petit page dans un des tableaux du Louvre. Papier gris.

226. Études de figures : femme au piano, homme assis, jeune homme debout, tenant en main son chapeau, etc. A la plume et lavé.

THULDEN (van), école de Rubens.

227. *Le Christ mort.* Il est renversé sur son linceul, le bras gauche pendant à terre. Une main passe sous son bras droit pour le soutenir. Etude au fusin pour un tableau de l'*Ensevelissement.*

UDEN (van).

228. Étude de *paysage*, d'après nature. A la plume et lavé.

ULFT (van der).

229. *Vue de monuments au bord de la mer*, d'après nature. A la plume et lavé.

VELDE (françois van), fils de Guillaume.

230. *Combat naval*. Grands bâtiments faisant feu. A la plume et lavé. Signé et daté 1744.

231. *Tempête*. Le ciel est plein de nuages. Signé des initiales.

232. *Marine*, avec des bâtiments chinois et plusieurs personnages sur le rivage.

233. Trois marines, datées 1701, 1703, 1711.

234. Onze études coloriées, de bâtiments des diverses nations, la plupart datées, avec des inscriptions indiquant les localités.

235. *Vue d'un édifice* sur le bord de la mer, *Vue du mont Saint-Michel*, et une *feuille de croquis* de personnages de tous les pays. 3 pièces.

VERHACHT (tobias).

236. *Paysage*, avec des ruines à droite, un grand chemin au milieu, et à gauche une auberge et des arbres. A la plume et lavé.

VERHAEGHEN, de Louvain.

237. La *Naissance* et la *Circoncision*, pendants. 2 p.

VLEGELS (Le chevalier).

238. *Loth et ses filles*. A la plume.

VOS (martin de).

239. *Combat d'animaux*, éléphant, lion, ours, sanglier, cerf, chiens, etc. A la plume et lavé.

VOS (simon de).

240. *Descente de croix*, composition de neuf figures. A la plume et lavé à la sépia. Et l'*Agriculture*, un homme conduisant une charrue attelée de deux bœufs. A la plume et lavé de bleu. Ovale. 2 p.

WADDER (louis de).

241. Quatre *études de paysage*, d'après nature, au crayon noir, et vigoureusement lavées à l'encre de Chine.

242. Quatre autres, idem.

243. Quatre autres, idem.

244. Sept grandes *études d'arbres*, d'après nature, idem.

245. Trois *études diverses.*

WATTEAU.

246. *Jeune femme assise* et vue de dos. Aux trois crayons.

WICKEMBOOMS (DAVID).

247. *Paysage* avec grands arbres, et *paysage* traversé de gauche à droite par un chemin. A la plume et lavés. 2 p.

WILDENS.

248. *Paysage.* A droite, une rivière ; à gauche, de grands arbres ; à la plume et lavé ; et trois *études* d'après nature : arbres et maisons au bord d'un étang ; à la plume et lavé de bleu. 4 p.

WOUVERMANS (PHILIPPE).

249. Deux *cavaliers arrêtés près d'un arbre.* A gauche, deux autres hommes appuyés sur leurs fusils ; à droite, au second plan, un chariot. A l'encre de Chine.

250. Quatre petits croquis sur une même feuille.

WOUVERMANS (PHILIPPE) D'après.

251. Le *Maréchal ferrant.* Grand dessin au crayon rouge.

WOUVERMANS (PIERRE).

252. *Halte de cavaliers.* Nombreuses figures ; crayon noir, rehaussé de blanc ; et *Cavalier au galop.* 2 p.

WYCK (THOMAS).

253. *Vue de ruines.* Au crayon rouge et lavé.

ZUSTRIS, élève de Paul Véronèse.

254. *Grand festin* devant un édifice à colonnades. A la plume, au crayon noir et légèrement lavé.

ANCIENNE ÉCOLE ALLEMANDE.

255. Représentation allégorique de *la Paix.* A gauche, Xercès, le sceptre baissé, et Aristander, tenant son épée. *Leurs deux noms sont écrits au-dessus de leur tête.* A droite, un soldat brise contre son genou un faisceau d'armes. Au premier plan, trois enfants rompent des flèches. Précieux dessin, de forme ronde, à la plume, avec de fortes hachures.

256. *Un roi, portant la couronne et un riche manteau brodé, relève une femme agenouillée devant lui.* Une autre femme est agenouillée près de la première. Le fond de paysage est rempli de guerriers armés, de chevaux, de chameaux, etc. Superbe dessin à la plume et qui était attribué, dans la collection Delbecq, à Lucas de Leyde.

257. *Le Christ dans le prétoire.* Il est assis demi-nu sur une pierre et tourmenté par les soldats qui l'entourent. L'expression de la tête est extrêmement douloureuse. Très-habile dessin à la plume.

ÉCOLE D'ALBERT DURER.

258. *Un Festin.* Cinq hommes à une table richement servie. Au premier plan, un pèlerin assis ; deux chiens à ses pieds. La date 1535 est écrite sur un pilier. A la plume et lavé.

ÉCOLE DE RUBENS, DE VAN DYCK, DE JORDAENS, etc.
Imitations, copies, pièces douteuses, etc.

259. Six pièces des élèves de Rubens : *Apparition de la Vierge à des moines* (Boyermans). — *Chasse à l'ours* (Sneyders). — *Guerrier couronné par la Victoire* (Diepenbeke). — *Deux figures de femmes* (idem). —*Allégorie* (Quellinus). — *Un Concert* (Van Herp).

260. Six pièces douteuses : *Nymphes au bain.* (Téniers imitant Rubens ?) —*Un guerrier aux pieds d'une reine.* (Stradanus ?) —*Femmes tirant de l'arc.* (Crayer?)— *Le génie du vent.* (Van Thulden?) —*Trois Amours.* (Van Cleefs ?) — *Etude d'homme debout,* coiffé d'un chapeau ; à droite, croquis de la même tête. (Rubens ou Van Dyck ?)

261. *Figures mythologiques,* un *triomphe,* et *saint Pierre en prison,* par des élèves de Rubens. 3 p.

262. Une des scènes de la *Vie de saint Benoît,* avec la gravure de P. de Ballin, et 5 autres dessins d'après Rubens. 7 p.

263. *Sainte couronnée par l'Enfant Jésus,* et *saint François et la Vierge,* d'après Rubens. 2 p.

264. Neuf pièces, dont quelques croquis peuvent être de Rubens.

265. Six pièces, dont plusieurs sont probablement de Van Dyck.

266. Huit pièces de l'école de Van Dyck.

267. Six autres pièces de son école.

268. *L'Annonciation.* Aquarelle.

269. Quatre *têtes.*

270. Quatre compositions de Jordaens.

71. Dix dessins à la plume.

272. Treize pièces diverses.

DESSINS SUR PARCHEMIN.

273. *Un cavalier et une dame.* Mine de plomb. (Peeter Quast.)

274. *Les vieux musiciens.* La femme joue du violon, l'homme pince de la guitare. Signé P. D. H.

275. *Portrait d'homme.* Physionomie extrêmement fine.

276. *Une barque* remplie d'hommes. Signé A. C. VAN VEEN fecit. A°. 1709.

277. *Supplices des hérétiques.* Au milieu, une femme en croix. Per-

sonnages innombrables. A gauche, sur une tablette : Jehan V_IR_...,
inventor.

278. *Halte de Bohémiens.* Beau dessin terminé à la plume.

279. Sept autres dessins divers.

CATÉGORIES DIVERSES.

280. Sujets de l'Histoire sainte, environ 50 p. Dessins originaux, études, etc.

281. Sujets de l'histoire profane, par Franc Floris, Diepenbeke, van
Thulden, et autres maîtres, environ 12 p.

282. Mythologie. 6 p.

283. Croquis de maîtres flamands et hollandais, environ 30 p.

284. Études d'après nature, par des maîtres flamands ou hollandais,
environ 20 p.

285. Sujets divers, environ 50 p.

286. Architecture, édifices, intérieurs, décorations, etc., environ 50 p.

287. *Paysages,* par des maîtres flamands ou hollandais, études d'a-
près nature, vues, croquis, etc. Collection excellente d'environ 80 p.

288. *Paysages coloriés,* par des maîtres de l'école hollandaise, environ 20 p.

289. *Marines,* par des maîtres hollandais, environ 20 p.

290. *Batailles.* Dessins de maîtres, environ 10 p.

291. Études et croquis de l'école française du dix-huitième siècle, environ 12 p.

292. Quatre fragments d'une ancienne peinture à l'eau sur carton.

293. *La veuve du roi de Tanjaor,* dans l'Inde, se brûlant sur le bû-
cher de son époux, en 1735. Elle est au milieu des flammes, au cen-
tre de l'estampe. La foule des soldats, des femmes et des enfants est
rangée en cercle. Précieuse peinture indienne, d'une rare finesse.

ÉTUDES A L'HUILE.

294. Têtes, portraits, etc. 11 p.

295. Paysages, fruits, etc., études. 5 p.

296. Trois esquisses, dans le genre de Van Dyck.

297. Quatre ébauches, d'après des tableaux de Rubens.

298. Esquisses de compositions religieuses, par les maîtres flamands
à la suite de Rubens, environ 25 p.

Imprimerie de Hennuyer et Turpin, rue Lemercier, 24. Batignolles.